小学生からの なんでも法律相談

2巻 学校の中には法律がいっぱい

監修

小島洋祐
（虎ノ門法律経済事務所 弁護士）

髙橋良祐
（公益財団法人才能開発教育研究財団
日本モンテッソーリ教育綜合研究所 所長）

渡辺裕之
（千代田区立番町小学校 校長）

この本の監修の先生からみなさんへ

全国の小学生のみなさんこんにちは。みなさんは法律というと大変むずかしいもの、自分にはあまり関係ないものと思っているかもしれません。しかし、法律はみなさん一人一人が安全にそして幸せに生きていくために身近に存在する大切なものなのです。法律は日本国憲法を中心としてたくさんの法律で成り立っています。法律は最低限の道徳ともいわれています。法律を守ることによってより良い生活を送ることができます。法律を理解することにより、みなさん一人一人が自由で安全でそして豊かな生活を送ることを心から願っています。

小島洋祐
虎ノ門法律経済事務所 弁護士

みなさんは「法律」と聞くとどんなことを思い浮かべるでしょうか。「国の決まり」「むずかしそう」「よくわからない」「悪い人をつかまえるため」などなど自分にはあまり関係ないものと思っていませんか？この本にはみなさんが安心・安全に暮らしてくための法律や、学校で楽しく勉強するための法律などが書かれています。この本でわかった法律のことをお友だちやおうちの方とたくさん話してみてください。むずかしいと思っていた法律が、より身近になり、もっと知りたいと学びたくなる思います。

髙橋良祐
公益財団法人才能開発教育研究財団
日本モンテッソーリ教育
綜合研究所 所長

「法律」という言葉は知っていても、実際に法律が自分にどのように関わっているかは知らない人も多いかもしれません。この本は、そんな子どもたちのために、「法律」の種類や仕組み、自分たちと法律の関わりをわかりやすく説明しています。読み進めると、「法律」が毎日の生活を支えてくれるもので、自分たちが法律に守られていることなどに気づくでしょう。弁護士などの法律に関係する仕事を目指そうとする人もそうでない人にも役に立つことがたくさん紹介されているので、多くの人に手に取って読んでもらいたいです。

渡辺裕之
千代田区立番町小学校 校長

この本では、ぼくたちが生活している中で生まれた疑問に、法律がどのように関わっているか紹介しているんだ！

疑問の答えには、どんな法律が関わっているか小島先生がやさしい言葉で説明してくれているよ。

この法律がなかったら……と想像してみると、どうして決まりができたのかその大切さに気づくはず。いっしょに考えてみてね。

カズキ　　ユウリ　　小島先生

※本文に出てくる法律の条文などは、2020年7月時点の内容に基づき、子どもにわかりやすい言葉に訳しています。

2

もくじ

入学式

学校はどうして4月から新学期が始まるの？

春休み

よーし！
5年生の復習、
今日の分は
終わった！

お姉ちゃん。

見て〜！
かっこいい？

ピカ

じゃ

ん

ピカ

ソウタったら
また家の中で
ランドセル
せおってるの？

だって
うれしいんだもん！

早く学校に
行きたいなあ！
いつから行けるの？

ワクワク

ドキドキ

4月になったらね。
ほら、この日に
入学式よ。

4月
日	月	火	水	木	金	土
			1	2	3
4	5	⑥	7	8	9	10
11	12	13	14	15	16	17
18	19	20	21	22	23	24
25	26	27	28	29		

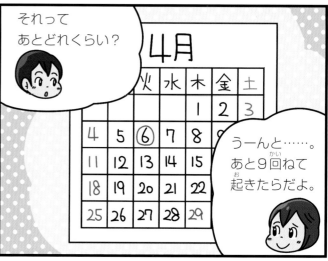

それって
あとどれくらい？

4月
火	水	木	金	土
			1	2	3
4	5	⑥	7	8	9
11	12	13	14	15	
18	19	20	21	22	
25	26	27	28	29	

うーんと……。
あと9回ねて
起きたらだよ。

まだそんなにあるの？
待ちきれないよ！

ずっと楽しみに
待ってたけど、どうして
小学校は4月からなの？
1年が始まるのは
1月でしょ？

うーん……。
どうしてかなあ。

もしかしたら、法律で決まって
いるのかもしれないね！

ホウリツ？

前に小島先生が
学校のことが法律で
決められてるって
教えてくれたの！

近所に住む
弁護士の小島先生

ふ～ん

法律はね、わたしたちの
暮らしを守っている
大切なルールなの！

えっへん

へー

へー、本当に法律で
決まってるのー？

じゃあ早く入学できるように
法律にお願いできないのー？

ねぇ

ねぇ

え～

あわわ…

どうして学校は4月始まりなの？

1月じゃないのはどうして？

4月になると、新しく学校に入学したり進級したりと、新年度をむかえます。年度とは、ある目的のために決められた1年の区切りです。

学校年度は、4月を区切りとすることが法律で定められています。

そのため、学校は4月から始まるのです。

法律をチェック

学校教育法施行規則第59条では……

「小学校の学年は、4月1日に始まり、翌年3月31日に終わる」と決められているよ。

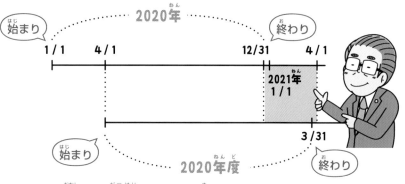

この期間は2021年になっているけど、年度では2020年度と言うよ。

しかし、昔は4月始まりとは決められていませんでした。

学校が4月始まりになるまで

❶ 始まりが決まっていなかった時代

江戸時代、農民や町人の子どもが通う寺子屋や、武士の子どもが通う藩校では、とくに入学時期や進級時期は決められていませんでした。

ぼくは今日、入学なんだ。

ぼくは5月に入学したんだ！

❷ 9月始まりとなった時代

明治時代になると、近代化を目指し、西洋の文化を取り入れていきました。その影響で、イギリスやドイツに合わせて、9月に入学、進級する学校が増えていきました。

今日から9月！いっしょに入学だね。

よろしく！

❸国の「会計年度」に合わせて4月始まりに

いっぽう、明治時代には、国の会計年度が
制度化されていきました。

会計年度は何度か変更をくりかえして、
やがて4月始まり、3月終わりとなりました。

そして、明治時代の終わりごろには、国の会計年度と
学校年度を合わせるようになっていきました。

こうして全国の市区町村に広がっていき、
現在では、小学校、中学校、高校のすべての学校が
4月始まりになっています。

※会計年度とは、収入と支出を整理するために設けられた1年間の区切りのこと。

入学や卒業って
桜の季節の
イメージが
あるなあ。

外国も4月始まりなの？

世界の多くの国は、9月から学校の新年度が始まります。夏休みを終えてから、新たな
学校年度を始めます。オーストラリアやニュージーランド、ブラジルなどの南半球の国では、
1月ごろに夏休みをむかえます。そのため、夏休みを終えて、2月に新学年度が始まります。

アメリカは基本的には9月に入学時期をむかえますが、学校年度については州ごとに
定められています。

このように、世界の多くの学校は
9月始まりのため、日本の入学の時期は
ずれてしまいます。そのことで、日本から
外国の学校へ留学しにくかったり、反対に
外国から日本へ留学しにくかったりという
問題が起きています。

そのため、大学では4月の春入学と
ともに9月の秋入学を導入している
ところもあります。

世界の学校の入学する月

1月	シンガポール
2月	オーストラリア、ニュージーランド、ブラジル
3月	韓国、アフガニスタン、アルゼンチン、ペルー
4月	日本、インド
5月	タイ
6月	フィリピン、ミャンマー
9月	アメリカ、カナダ、イギリス、フランス、イタリア、ドイツ、スペイン、ロシア、オランダ、トルコ、イラン、サウジアラビア、中国、インドネシア、ベトナム、メキシコ、ナイジェリア
10月	エジプト、カンボジア

（2020年7月現在）

法律をチェック

学校教育法施行規則第163条では……
「大学の学年の始期および終期は、
学長が定める」と決められているよ。

学長とは大学の
校長先生みたいな
人のことだよ。

どうして4月1日生まれと4月2日生まれは学年がちがうの？

あっ！ おーい！
リンカちゃーん！

ん？
友だち？

紹介するね。
友だちのリンカちゃん。
保育園がいっしょで
よく遊んでいたの。

ソウタくんだよね？
リンカです。
今年から中学生なの。
よろしくね。

へー！ 中学生なんだ！
お姉ちゃんのひとつ上だけど
お友だちなんだね。

わたしたち、誕生日が
1日ちがいなの！

同じ年の
リンカちゃんが4月1日生まれ、
わたしが4月2日生まれだよ！

えっ！
同じ年の4月生まれなのに
学年がちがうの!?

た、たしかに。

言われて
みれば……。

だって、学年の区切りは
3月と4月なんだよね?!

3月　4月

たしかに……。
4月1日と4月2日で
区切るなんて不思議かも！

どうして3月31日生まれと
4月1日生まれが区切りじゃないの？

わたしたちの学年がちがう
理由、知りたいわ！

どうして4月1日と2日で学年がちがうの？

同じ年の4月生まれなのに……。

4月1日生まれと4月2日生まれで学年がちがうのはふたつの法律による理由があります。

まず、ひとつめの法律は学校教育法です。この法律の中で、子どもが6歳になった次の日以降に来る、最初の学年の初めから義務教育が始まるとされています。学年が始まるのは、4月1日です（→6ページ）。そのため、6歳になってから初めてむかえる4月1日に小学校に入学すると考えます。

法律をチェック

学校教育法第17条では……
「保護者は、子どもが6歳になった翌日以降の最初の学年の初めから、12歳になった日の属する学年の終わりまで、小学校に通わせる義務を負う」と決められているよ。

法律をチェック

年齢計算に関する法律では……
「年齢は生まれた日を第1日目とする」

また、民法第143条では……
「暦の期間は生まれた日の前日をもって期間が終わる」と決められているよ。

だから、生まれた翌年の同じ日の前日に年をとるとされているんだ！

ふたつめの法律は年齢計算に関する法律です。この法律で、人の年齢が増えるのは、誕生日の前日の真夜中の12時とされています。

4月1日が誕生日の場合

| 3月31日 | 4月1日 |

年をとった！　3月31日の真夜中12時に、年をとる。

このふたつの法律を合わせて考えてみると……。

4月1日生まれのリンカの場合

3月31日の真夜中12時に6歳になるので、6歳になってむかえる最初の4月1日は次の日です。よってその年に入学します。

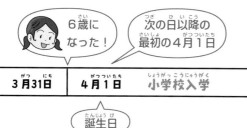

6歳になった！　次の日以降の最初の4月1日

| 3月31日 | 4月1日 | 小学校入学 |

誕生日

4月2日生まれのユウリの場合

4月1日の真夜中12時に6歳になるので、6歳になってむかえる最初の4月1日は来年の4月1日です。よって、入学は次の年になります。

6歳になった！　次の日以降の最初の4月1日

| 4月1日 | 4月2日 | ・・・ | 翌年4月1日 | 小学校入学 |

誕生日

だから、4月1日生まれの人は同じ年の4月2日生まれの人より上の学年になるのです。

生まれた日、当日に年をとるのがいいんじゃない？

うん、何か誕生日の前日の真夜中に年をとるって不思議。

もし、誕生日の自分が生まれた時間に年をとることになると、こまる人が出てきます。それは2月29日生まれの人です。

2月29日はうるう年といって、4年に一度しかきません。誕生日当日に年をとることになると、うるう年の人は2月29日のない年はいつ年をとるか判断にこまります。しかし、法律によって、2月29日生まれの人も、2月28日の真夜中12時に年齢が上がるので、毎年、年をとるのです。

えー！誕生日の29日がない……。今年はいつ年をとるんだろう？

早生まれって何？

あけましておめでとう

1月1日から4月1日に生まれた人を「早生まれ」と言います。これは、昔、日本でよく使われていた「数え年」という年齢の数え方が関係しています。

数え年は、生まれた年を1歳として、そのあと正月ごとに1歳ずつ増えると考えます。そうすると、早生まれの人は、数え年7歳で小学校に入学するのに対して、それ以外の人は数え年8歳で入学することになります。ほかの人より1年早い年齢で入学することから、「早生まれ」と言われるようになりました。

今の年齢の数え方ができて、数え年を使うことは少なくなったよ。

「令和」や「平成」って何？

誕生日や生まれた日を表すときに、よく「平成○年生まれ」「令和○年生まれ」などと言うことがあります。この年を表す「平成」や「令和」などのことを元号（和暦）と言います。元号は、天皇が即位するときに新しいものを決め、その決め方なども法律で定められています。平成31年は、5月1日に新たな天皇が即位されたため、4月30日で終わることになり、5月1日から、元号も新しく令和となりました。

うーん

元号は、依頼された数人の専門家が案を出し、その中からふさわしいものを選ぶ。

どうして行事があるの？

今日からやっと1年生だ！
入学式、ドキドキしたなあ。

入学式

ふたりとも
こんにちは！

こんにちは！

あ！
小島先生！

小島先生、ぼくね、今日、
入学式だったんです！

そうでしたか、
入学おめでとう！

ぼく、1年生になったから
算数の勉強、がんばります！

わたしも6年生になったから、
いろんな行事を盛り上げるように
がんばりたいな！

いいね！

行事って
クリスマスとか
ひなまつりとか？

小学校の行事は、運動会とか 学芸会とか、 遠足とか

教科の授業以外で特別な活動をするんだよ。

へー！
小学校でもいろんなことをするんだね。
でも、学校は勉強するところなのに、
どうして行事をするの？

えっ!?
えっと……。

あっ！ 小島先生、
もしかして学校でやる行事も
法律で決まっているんですか？

よく気がついたね！
そうだよ、学校で学ぶ内容は
法律で決まっているんだったよね。

その学ぶ内容の中に、
いろいろな行事や
今日あった入学式も
ふくまれているんだよ！

学校にはいろいろな行事があるのはどうして？

きっと楽しいからだよ！

小学校で学ぶことは法律で決められています。そこでは、国語、算数などの教科のほかに、学校行事もふくめて、1年間の時間割を組むように定められています。これは、ふだんの授業だけでは学べないことを、学校行事を通して学ぶためです。

法律をチェック

学校教育法施行規則第50条では……「小学校の教育課程は、国語、社会、算数、理科、音楽、家庭および体育に、道徳、特別活動などによって編成するものとする」と決められているよ。

特別活動というものの中に、学校行事がふくまれているんだ。

行事も勉強のひとつなんですね！

行事にはどんな役割があるの？

行事を通してどんなことを学ぶかも決められているんだね。

1年に何度もある、学校行事ですが、ただ楽しむという理由で内容が決められているわけではありません。学校の教科などの目標や内容について定めている「学習指導要領」では各行事のねらいも説明しています。

① 儀式的行事
（始業式、入学式、卒業式など）

学校生活の1年を通して、変化や区切りで式をおこない、次の生活を新しい気持ちでむかえるための行事です。

入学式

② 文化的行事
（学芸会、音楽会、展覧会など）

芸術的なものにふれる機会をつくる行事です。学芸会などではふだんの授業で学んだことを発表して、「もっとうまくなるぞ！」という意欲を高めます。

③ 健康安全・体育的行事
（運動会、健康診断、避難訓練など）

　心と体の健康を保つため、強い体を
つくる行事です。運動会では運動に親しみ、
責任感や連帯感を養うことができます。

④ 遠足・集団宿泊的行事
（修学旅行など）

　いつも過ごしている環境ではない場所で集団生活を
送り、人間関係や、社会を生きるマナーなどを学ぶ
行事です。自然や文化などに親しむ場でもあります。

遊びに行くわけ
じゃないんだ！

⑤ 勤労生産・奉仕的行事
（ボランティア活動、職場体験など）

　働くことの喜びや、ボランティアをして
だれかの役に立つことの意味などを、実際の体験を
通して考えることで学びを深める行事です。

義務教育で身につけたい
力が法律で決められていて、
それに基づいて行事を
しているんだよ。

外国でも入学式や始業式をするの？

　日本には入学式や始業式、卒業式などのさまざまな式典が
ありますが、世界的に見ると、めずらしいことだと言われています。
式典がない国も多く、たとえ式典があっても、日本のように
前もって練習はせず、本番をむかえることが多いと言われています。
　反対に外国には、日本にはないさまざまな行事もあります。
　文化や歴史的なちがいによって、学校の行事にも変化が
生まれているのです。
　世界にはどんな行事があるのか、調べてみても楽しいですね。

本番のためにしっかり
練習しなくちゃ！

どうして学校にはかならず図書室や保健室があるの？

休み時間

あっ！学校探検してるよ！

次行くよー

1年生だ！かわいい〜！

次は図書室に行きます！

図書室って何!?

わあ！すごい！

学校に図書館みたいなものがあるの!?

みんな図書室があるって聞いてびっくりしてるね！

本がたくさんあって楽しいもんね！

ねぇねぇ、どうして学校に図書室があるのかな？

言われてみればわたしも知らない……。

こっちだよー

ほかの学校にもあるのかな？

きっとあるよ！

前にいとこの私立の学校を見にいったときは、図書室はあったよ。

じゃあどの学校にも
図書室はあるんだね。

音楽室、図工室とかは
どうかな？　あとは家庭科室、
コンピュータ室とかもあるよね。

理科室がないと、
実験ができなくなるよね。

もしかして授業が
関係あるのかな？

授業では
ないけど……、

血が～！

もしけがや病気になった
とき、保健室がないと
こまっちゃうよね。

そうだね！
そうしたら保健室も
ほかの学校に
あるはずだ！

もしかしたら学校の部屋
にも決まりがあるのかも！

ほかにも必要だと
決められたものが
あるかも！

たくさん部屋があるなら、
ひとつくらいゲームがたくさん
ある部屋にしてほしいな～。

何言って
るの……

学校にかならずないといけない部屋は何？

それぞれの意味があるのかな？

▼▼▼▼▼▼▼▼▼▼▼▼▼▼▼▼▼▼▼▼▼▼▼▼▼▼▼

小学校を新しくつくるときにはかならず設置しなければいけない施設（部屋）があります。
　ふだん児童が学ぶための「教室」、より学習を深めるための資料をあつかう「図書室」、児童の健康と安全を守るための「保健室」、先生が授業以外の仕事をするための「職員室」の４つです。

法律をチェック

文部科学省が定めた
小学校設置基準第９条では……
「一、教室　二、図書室、保健室
三、職員室の施設を備えるものとする」と決められているよ。

決められている４つのほかにもたくさん部屋があるのは、みんなの学びを充実させるためだね。

そっか、勝手に好きな部屋をつくってるわけじゃないんだね。

部屋以外にかならずないといけない設備はあるの？

部屋以外にもかならず設置しなければいけないと法律で決まっている設備があります。
火事などの災害から身を守るための設備です。

● 消火設備

火を消すために使う設備です。
ほかにはスプリンクラーなどもあります。

● 警報設備

火災が起きたときに音によってまわりの人に知らせる設備です。

法律をチェック

消防法第17条では……
「施設や建物の関係者は、火災が発生した際に、消火や避難など、その他の防災のための活動に必要な設備を設置して維持しなければいけない」
と決められているよ。

● 避難設備

避難するための標識や照明、また非常階段や非常出口などの設備です。

● 消防活動用設備

消防隊が消火活動をするための設備です。一般の人は使えません。

送水口

地震に強い建物かどうかも点検しているよ。

学校にはいろいろな先生がいるよね！

学校にいる先生にも決まりがあるの？

学校には校長先生を始めとして、さまざまな先生がいます。じつは、ひとつの学校にかならずいなければいけない先生も、法律で決まっているのです。

校長

学校のリーダーです。
学校全体のことを考えて管理し、先生たちに仕事をふりわけたり、指示したりもします。

法律をチェック

学校教育法第37条では……
「小学校には、校長、教頭、教諭、養護教諭、事務職員を置かなければいけない」
と決められているよ。

教頭または副校長

校長を助ける役割です。
学校内の問題を整理して解決します。担任の先生の代わりをすることがあります。

教諭

子どもたちに勉強を教えたり、担任としてクラスをまとめたりします。音楽や図工など専門の授業を教える先生もいます。

養護教諭

子どもたちの健康と安全を守るための先生です。健康診断や学校でけがをしたときなどに、対応してくれます。保健室にいる先生です。

事務職員

学校を運営するために、お金や施設や備品などの管理をします。

司書教諭ってだれのこと？

司書教諭とは、学校の図書館の管理や読書の指導の役割をもった先生です。12学級以上ある学校にはかならずいないといけません。司書教諭は担任の先生が、担当になることもあります。また、教員ではなく、事務職員として学校図書館の仕事をする「学校司書」を置く学校もあります。

19

どうして健康診断をするの？

ユウリちゃん！
次、健康診断だね！

うん

身長、のびてるかな？
楽しみ！

きっと
のびてるよ！

わたしは虫歯が
増えてないか心配。
あまいもの
大好きだから！

歯みがき
してるけどね

でもどうして学校で
健康診断をするのかな？

うーん

病気になっていないか
チェックするため
じゃないの？

でもそうしたら
気になる人が
自分で病院に
行けばよくない？

毎年、学校で健康診断するのは、
病気のチェックだけではなくて何か
意味があるのかも……。もしかしたら
決まりがあるのかな？

決まり？
法律かな？

身体計測や健康診断はかならずするって決まっているの？

身長がどれだけのびたかわかってうれしいよね。

どの学校に通っていても、毎年、定期健康診断がおこなわれます。これは、法律で定められています。子どもだけでなく、先生も健康診断を受けられるようになっています。

また、毎年４月から６月の時期におこなうことや、身体測定や尿検査、視力検査や聴力検査など、検査する内容も定められています。

転校したり進学したりして学校が変わったときは、健康診断票が学校に送られます。健康診断票はとても大切なものなので、学校は５年間は保存しなければいけません。

法律をチェック

学校教育法第12条では……
「学校では、法律で定めるところにより、幼児、児童、生徒および学生ならびに職員の健康を守るため、健康診断をおこない、保健に必要な行動をとらなければいけない」

また、学校保健安全法第13条では……
「学校では、毎学年定期に、児童生徒などの健康診断をおこなわなければいけない」と決められているよ。

どうして学校で健康診断をするのかな？

健康診断は、子どもの心身の健康を保ち、成長をうながすためにおこなわれます。そして、結果はかならず本人と家庭に知らせることになっていて、必要な場合は病気を予防するための対策をしたり、治療をすすめたりします。

さらに、健康診断の結果を、健康でより良い生活を送るための学習に役立てることもできます。たとえば、虫歯がある子が多いときは、改善するための取り組みを学校全体ですることもあります。

日本では当たり前のようにおこなわれていますが、じつは健康診断のない国のほうが多く、子どもの健康は家庭が管理することになっています。

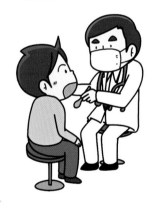

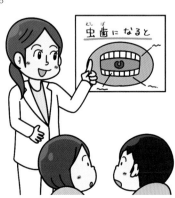

虫歯になると

健康診断は、病気のチェックだけでなく、健康について学ぶ機会になるんだよ。

インフルエンザになると、熱が下がっても休まないといけないの？

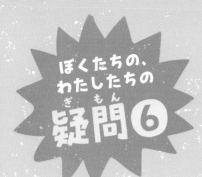

そういえばカズキくん、今日も休んでるね。

うん、インフルエンザだって。4月でもかかるんだねー。

えー！ かわいそう！ インフルエンザって長く休まないといけないよね！

そっか、そういえばそうだね。

そのころ、カズキの家では……

お母さん……。

今日も休まなきゃいけないの？ 昨日で熱も下がったのになあ。

まだ登校しちゃだめって決まっているのよ。

どうして？

早く学校に行きたいなあ。

もう少しのがまんよ。静かに休んでてね。

何でインフルエンザのときって長く休まなきゃいけないんだろう……。

次、音楽だよー

もう元気なのに

インフルエンザのときは休む日数は決められているの？

熱が下がったから早く学校に行きたいよー！

学校では、まわりの人に感染する病気にかかった子どもを休ませることができる、と法律で定められています。そして、この病気にかかったときは何日休まなくてはならないか、基準が設けられています。

たとえば、インフルエンザの場合は「かかってから5日たち、かつ熱が下がってから2日たつまでは登校してはいけない」というルールです。

法律をチェック

学校保健安全法第19条では……

「校長は、感染症にかかっている、またはかかるおそれがある生徒がいるときは出席を停止させることができる」と決められているよ。

熱が出た日を0日目とする。

熱が下がって2日からたつけど、かかって5日以内なので登校できない。

発症日数	0日目	1日目	2日目	3日目	4日目	5日目	6日目
発熱期間	発熱	発熱	熱が下がった（0日目とする）	熱が下がって1日目	熱が下がって2日目		

熱が下がった！

登校！

インフルエンザのほかにも、百日咳や麻しん（はしか）、流行性耳下腺炎（おたふくかぜ）などさまざまなうつる病気が、学校で広がるのを防ぐために、法律で休む日数が指定されています。

もし休むことが決められていなかったら……

熱が下がると、早く学校に行きたいと思いますよね。好きな授業や好きな給食、行事がある日はとくに休みたくないかもしれません。しかし、たとえ元気になったと思っていても、体の中にはウイルスがまだ残っているかもしれません。そんなときに登校すると、自分の体調が悪化したり、ほかの人にうつしてしまうかもしれません。こういったことを防ぐためにこの法律があるのです。

休む日数が決められているのは、自分や友だちの健康や命を守るためなのです！

インフルエンザはもう大丈夫なの？

図工があるからがんばって来たんだ……！

ウイルス

まだ残ってるぞ〜！

どうして給食があるの？

やった〜！
今日はカレーライスだ!!

ぼくも
カレー大好き！

……って苦手なにんじん
ばっかり入ってるよ！

ゴロ

給食は好きだけど、
苦手な野菜が
入ってるよ〜。

わたしも
なす苦手
なのよね……。

給食には
毎日野菜が出て
くるからなあ……。

グリーンピース

ピーマン

小松菜

にんじん

好きなものだけ
食べちゃいけないのかな。

そうだね。
肉がたくさんの
給食がいいなあ。

どうして
学校では給食を
食べるんだろう？

給食のメニューは
どうやって決めて
いるのかな？

給食ってどこの学校にもあるの？

給食にも法律があるのかな？

日本には、学校給食法という法律があり、小学校と中学校の義務教育の間は、給食を出すように努力をしなければいけないとされています。その結果、現在日本のほとんどの小学校で給食が提供されています。

法律をチェック❗

学校給食法第5条では……
「国と地方公共団体は、学校給食の普及と子どもたちの健康な成長のために努力しなければいけない」と決められているよ。

食料不足の時代、給食は子どもたちの成長に欠かせない栄養源だった。

なるほど……。給食にも目的があって、それを実現するために法律が定められているんだね。

給食の目的

学校給食法では、給食を食べることの目標をかかげています。バランスのとれた食事を提供し、それによって子どもたちの心と体を豊かに育てるために、学校給食はつくられているのです。

❶ 必要な栄養をとって体の健康を守る。

❷ 日常生活において、食事の役割を知り、よりよい食生活を営む判断力と正しい食習慣を身につける。

❸ 学校生活を豊かにし、明るい社交性とおたがいに協力し合う心を養う。

❹ 食生活において、自然から得られる恵みと環境を大切にする心を養う。

❺ 食に関わる人の支えによって、豊かな食生活があることを知る。

❻ 日本の伝統的な食文化を知る。

❼ 食料がどのようにつくられ、運ばれているかを知る。

給食はいつからあるの？

今では、小学校の給食はめずらしくありませんが、給食が始まったのは、明治時代からでした。

1889年 最初の学校給食

山形県の小学校で、生活が苦しい児童を対象とした学校給食が提供されました。これが給食の始まりと言われています。

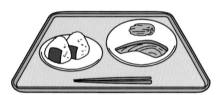

1923年 栄養改善のための給食

子どもたちの栄養を改善するために、全国に学校給食が広まっていきました。

1947年 学校給食再びスタート！

戦争の影響で、給食も一度は中止になります。しかし戦争後、主要都市の児童300万人に対し、学校給食の提供が始まります。

1950年 完全給食が始まる

主食、おかず、牛乳がそろった、完全給食が一部の都市で始まります。アメリカから小麦粉の支援を受け、パンが出されるようになります。

1954年 学校給食法が制定される

現在の学校給食法のもととなる法律が定められ、学校給食がどんどんとよいものに変わるきっかけとなりました。さらに1976年にはご飯も出されるようになりました。

今の給食へ！

今では栄養バランスもよく、地域の特性を生かしたさまざまなメニューなども味わうことができるようになりました。

給食ってどうやってつくられているの？

毎日食べている給食が、みんなのもとに届くまでにはさまざまな人が関わっています。

① 献立の作成

栄養士が、栄養やバランスを考えて、メニューを決めます。

② 調理

調理の仕事をする人が、届いた食材を確認して、メニューに沿って、調理をしていきます。衛生面にはとくに気をつけていて、食品衛生法によって定められた食品衛生監視員から、指導を受けることもあります。

③ 温度の確認

加熱が必要なものは、しっかりと火が通っているか確認します。

④ 検食

みんなが食べる前に、校長、副校長、教頭などの責任者が先に給食を食べて、安全性や味つけに問題がないかを確認します。これを検食といいます。

検食は「学校給食衛生管理基準」で定められていて、食中毒などを防ぐために大切なものです。

⑤ みんなのもとへ

栄養やバランスが考えられた給食がみんなのもとへ届きます。健康、成長を考えてつくってもらった給食です。

にんじんもなすも成長に必要な栄養なのね。

わかった。食べてみるよ。

ぼくたちの、わたしたちの疑問⑧ どうして避難訓練をするの？

よし！
次の授業は体育だ！
ずっと休んでいたから
久しぶりでうれしいな！

えっ？
でも、次……。

避難訓練です。給食室で火事が起きました。校庭に避難しましょう。

ほら、やっぱり！
次の時間は
避難訓練よ。

えっ！

えー!!
体育だと思っていたのに……。
何で避難訓練なの！？

ガーン

いやだー！
体育がいい！

やだ

やだ

何でって……。
しかたないでしょう！

カズキくん！
訓練だからと言って
さわぐとは何事ですか！

静かに！

でもたしかに、どうして
避難訓練をするのかな……。

すみません

避難訓練は かならずするの？

学校では、校内で火災や地震などの災害が起きたときに備えて、みんなの命を守るために避難訓練をすることが法律で決められています。

学校のような大勢の人がいる場所で、とつぜん災害が起きたときでも、落ち着いて行動することが大切です。そのために、避難訓練をして災害のときにどう行動するかを学び、身につけておくことが必要なのです。

法律をチェック

消防法第8条では……
「学校など、多くの人が出入りする建物では防火管理者を決めて、消防計画を作成したり、避難訓練を実施したりしなければいけない」

また、消防法第36条では……
「第8条で定められたことは、火災以外の地震などの災害での被害を少なくするためにも、おこなわなければいけない」と決められているよ。

過去の大きな震災が起きたときも、日ごろから訓練していたおかげで助かったという例があったよ。

法律でも、学校や会社、病院など、多くの人がいる場所では、避難訓練をすることが義務づけられています。

また、市区町村が地域の防災計画をもとに地域全体で防災訓練をおこなっていることもあります。

学校が避難場所になることがあるの？

都道府県や市区町村は、大規模な災害からその地域の人びとを守るために、小学校などの施設を避難場所にします。学校には広い校庭や体育館があり、たくさんの人を収容できることや、多くの人が知っている場所であることから、避難場所に指定されることが多いのです。

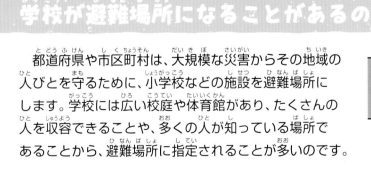

教科書はどうして配られるの？

ぼくたちの、わたしたちの 疑問⑨

教科書って無料なの？

値段が書いてないし無料かな？

日本では、小学校、中学校の9年間を「義務教育」といい、「義務教育は無償にする」ということも日本国憲法に書かれています（日本国憲法第26条第2項）。

この考えに基づき、教科書に関する法律が定められ、授業で使う教科書は、税金で購入し無償で配られることが決まっています。

教科書の裏に教科書が無償で配られているということを表す記述がある。

● この教科書は、これからの日本を担う皆さんへの期待をこめ、税金によって無償で支給されています。大切に使いましょう。

法律をチェック

義務教育諸学校の教科用図書の無償措置に関する法律第1条では……

「義務教育諸学校の教科用図書は無償とする」

また、義務教育諸学校の教科用図書の無償措置に関する法律第3条では……

「国は、毎年度、義務教育で子どもが各学年で使用する教科書を購入し、学校の設置者に無償で給付するものとする」と決められているよ。

想像してみよう

教科書がなかったら……？

教科書には、学習指導要領（→1巻29ページ）に基づいて、学習する内容がわかりやすく記されています。また、学習を深めるための資料も充実していて、学ぶべきことを効率よく学ぶことができるのです。ですから、教科書がないと、どのような順番で、勉強をしたらよいかわからなくなったり、学校ごとに学ぶ内容がちがったりしてしまうかもしれません。そのため、法律で教科書を配ることが決められているのです。

どうやって、何を勉強すればいいんだ～!?

教科書が無償なのは1冊だけ

教科書は無償で配られますが、もしなくしてしまったら自分で買わなければいけません。勉強をするために必要な大事な本です。そして、みなさんのおうちの人やまわりの大人が働いて納めた税金で買われたものです。大切に使いましょう。

そうだったんだ。大切に使おう！

教科書ってどうやってつくっているの？

わたしがよく読む小説とかの本とのちがいって何かな？

教科書は、みなさんが授業で使用できるようになるまで、つくられはじめてから約4年もの時間が必要になります。つくられたあとは、教科書検定に合格しなければなりません。

教科書がどのようにしてみなさんのもとに届けられているかを見てみましょう。

法律をチェック

学校教育法第34条では……

「小学校では、文部科学大臣の検定を受けた教科用図書、または文部科学省が著作者となっている教科用図書を使用しなければならない」と決められているよ。

① 教科書の編集がスタート

教科書をつくる会社が、その教科の専門の先生や学校の先生を集めて、チームをつくります。そして学習指導要領をもとに、教科書にのせる内容を考えてつくっていきます。

② 検定を受ける

教科書ができたら、文部科学省の検定を受けなければいけません。審査では、つくられた教科書が学習指導要領に沿っているものか、修正の必要な部分はあるかどうかなど、専門家が確認します。この審査に合格して初めて教科書を発行することができます。

これは「教科書検定」と呼ばれているよ。

③ 採択される

検定に合格した数多くの教科書の中から、使う教科書が選ばれます。公立の学校は教育委員会、国立と私立の学校は、校長先生が選びます。

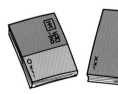

だから、同じ教科でも地域によって、教科書がちがうことがあるんだね！

④ 子どもに配られる

採択された教科書が、みなさんに配られます。どの学校に通っていても、すべての教科の教科書が税金を使って子どもたちに配られます。

教育委員会って何？

テレビでよく聞くけど何をするところなの？

教育委員会とは、都道府県、市区町村に設置されている教育に関する事柄を決める組織です。教育というものは、専門家だけでなく、地域に住む人の意見を取り入れながら、おこなうことが必要であると考えられているため、どの地域にも設置することが義務づけられています。

法律をチェック

地方教育行政の組織及び運営に関する法律第2条では……
「都道府県、市（特別区をふくむ）町村に、教育委員会を置く」
と決められているよ。

教育委員会ってどんな仕事をしているの？

教育委員会は、地域の学校教育、社会教育、文化、スポーツなど学びに関する仕事をしています。子どもだけでなく、その地域に住む人が、生涯にわたって学習ができる環境を整えます。

❶学校の学習の管理

国によって定められた学習指導要領に沿って、学習が進められているかチェックします。

❷公立学校の設置

新しい学校を設置したり、人数が少ない学校同士をひとつにしたりします。

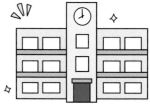

❸校舎の管理

校舎を長い間使うために管理したり、設備を整備したりします。

❹先生の配置

先生の役職や、どの学校で働いてもらうかを決めたりします。

❺生徒の入学、転校

小学校や中学校に入学する子どもに、どの学校に入学するか通知を送ったり、どの学校に子どもが転校したかなどを確認したりします。

4月から○○小学校に入学だ！

❻学校以外の教育

図書館や博物館、公民館などの施設を管理して、地域の人がさまざまなことを学べるようにします。

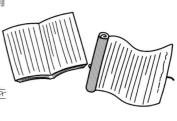

どうして当番や係、委員会があるの？

ぼくたちの、わたしたちの
疑問⑩

6年生になったので、委員会活動では委員長や副委員長をしてもらいます！

立候補してください。

はーい

ユウリちゃんは何やりたいの？

5年生のときと同じ飼育委員！委員長やってみようかな〜！

カズキくんは？

ぼくは絶対、放送委員！

委員長になっておもしろい放送にするぞ！

いいね！

ふたりともやりたい委員会が決まっていいね……。

ぼくは今年もやりたい委員がありすぎてまだ決まってないんだ……。

たしかに、やってみたい委員会ってたくさんあるよね。

うんうん

当番や係、委員会ってどうしてやるの？

どんな意味があるのかな？

小学校では、学ぶ内容が学校教育法施行規則で決められていますが（→14ページ）、その中に特別活動というものがあります。この特別活動には14〜15ページで紹介した学校行事のほかに、委員会や係活動もふくまれています。

今日の

法律をチェック

学校教育法施行規則第52条では……

「小学校の教育課程は、この法律で定めるもののほかに、教育課程の基準として文部科学大臣が公示する小学校学習指導要領によるものとする」

そして、学習指導要領第6章では……

「望ましい集団生活を通して、心と体を通わせて、自分がもつ個性をよりよいものにのばし、集団の一員として、過ごしやすい生活や人間関係を築こうとする自主性、実際に行動する力を育てて、自分の生き方について深める」と決められているよ。

特別活動は、勉強だけでは学ぶことのできないことを学ぶためにあります。友だちとどうやって協力して仕事をしていくかや、自分で考える力、行動する力をつけるために大切な時間なのです。

将来、社会に出るときは友だちだけでなくさまざまな人と関わることが増えます。そのときにも、特別活動での学びが役立つと考えられています。

次の集会で何をするか、案がある人はいますか？

はい！

下級生と上級生がいっしょに活動できるのも特別活動ならではですね。

特別活動って ほかに何があるの？

小学校ではさまざまな学校行事のほかにも特別活動を通して、多くのことを学びます。

学級活動

係や給食の当番などを通して友だちと協力し、クラスの仕事をします。

今日は係を決めます！

学校行事（→14ページ）

全体または学年のみんなで協力して、行事を成功させます。

みんなで運動会を盛り上げるぞ！

委員会活動

ちがう学年で協力し合い、学校生活をよりよいものにするために話し合ったり、活動したりします。

学校ではいろいろなことが法律で決まっているんだね！

クラブ活動

友だちやちがう学年の人といっしょにクラブを楽しみながら、クラブ内での自分の役割を見つけて、積極的に行動する力を身につけます。

いっしょにがんばろうね！

世界からも注目！日本のそうじ当番

日本では教室で学ぶことへの感謝をこめて、いつも使う場所は自分たちできれいにするために、そうじ当番があります。しかし、そうじ当番は外国ではあまりおこなわれていません。じつはこれは、世界的にもめずらしく、外国の小学校では、校内のそうじは清掃員がやるのが通常なので、世界からも注目が集まっています。

大人数のときは、どうやってものごとを決めるの？

放課後の公園

今日、人数多いし
おにごっこしない？

いいね
やりたい

えー！ わたしは
バレーボールが
したかったな！

ぼくもー

ぼくはボール
もってきたから
サッカーがいいな。

サッカー
いいね！

じゃあ、場所を
区切ってやる？

そしたら、
おにごっこはここから
むこうまで使うね！

人数が多いし、
バレーボールを
優先させてよ。

えー！
サッカーも
広く使いたいよ。

うーん、場所がせまいから
全部を同時にはできないし……。
時間で区切ろうか。

じゃあ、ぼく
早く帰るから
おにごっこを
先にして！

えー！ わたしも
早く帰るから
バレーボールからが
いいよ。

サッカーは……
早く帰る子はいない
みたいだよ。

そしたら、最初は場所を区切っておにごっことバレーをやろう。
それで、そのあとにサッカーをしようよ！

いいね！

そしたら、みんなが好きな遊びをできるね！

じゃあ、4時半からはサッカーね！

わーい！

うん！さっそくおにごっことバレーで場所を区切ろうか。

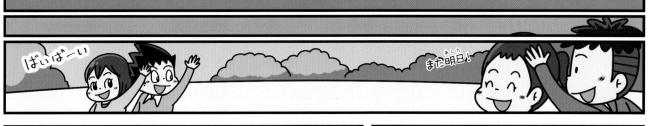

ばいばーい

また明日♪

今日、人数がいっぱいいて楽しかったね。

うん！みんながしたいことをできてよかったよね。

でも、もっと大人数がいて意見がバラバラだったら決めるのも大変だったよね。

え？

たとえば……、学校とか地域とかたくさん人がいて、いろんな意見があるときにどうやってものごとを決めているんだろう？

こう思う！

いやそうじゃない！

うーん、きっと決めている人がいるんだよね。

じゃあ、それってだれ？

あっ！

小島先生だ！先生に聞いてみようよ！

うん！

たくさんの人がいるとき、どうやってものごとを決めるの？

みんなに意見を聞くのは大変だよね。

たとえば、ほかの人といっしょに何かを決めたりルールをつくったりするときには、話し合いをします。

人数が少ないとき

何して遊ぶ？

サッカー！

野球！

先にサッカーから始めようか。

オッケー

友だち同士や、クラスで何かを決めるときには、それぞれの意見を聞き合うことができ、それによって、みんながよりよいと思うものを決めることができます。

これを「直接民主制」と言うよ！

人数が増えていくと……

人数が多いとき

何して遊ぶ？

みんなでドロケイしたい！

ぼくは球技がいい！

わたしはなわとびするよ！

ドッジボールするから広く場所を使わせて！

野球でも広く使いたいのに！

もっと人数が増えていったらみんなの意見を聞いたり、話し合ったりするのは大変だよ。

そうだね。こんなときに、「間接民主制」という仕組みが役立つよ。たとえば、学校でこうやって何かを決めたことはない？

まずは学級で話し合う。

運動会のスローガンの案を出してください。

そのあと、各学級の代表が集まって話し合う。

全校児童など、多くの人の意見を聞き、決めるときには、代表者が集まって話し合う方法にするとよい場合があります。

これを「間接民主制」と言うんだ。

40

もっと多くの人がいる地域や国で話し合う場合でも、同じような仕組みで決められているんだよ！

へー！

じゃあ地域や国にも代表者がいるんですね。

日本は「民主主義」の国です。民主主義とは、みんなのことはみんなで決めていくということです。しかし、国全体のことを、国民全員が集まって話し合うのはとても大変です。そのため、代表者が話し合って決める間接民主制をとっています。

国だけでなく、みんなの住む町や市など地域のことも、間接民主制で決めているよ。

地域のことを決めるとき

もっと子育てしやすい町にしてほしい

防災対策をもっとして！

公園の整備をしてほしい！

農業をもっと支援するといい町になるよ！

地域の人、全員で集まって話し合うのでなく、地域の代表として、都道府県、さらには市区町村単位でそれぞれの議員が議会で、話し合って決めます。

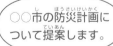

○○市の防災計画について提案します。

国のことを決めるとき

教育にもっと予算を使って！

環境問題も大切だよ

働きやすい社会にする法律がほしい！

多様性についてもっと考えてほしい！

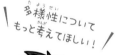

国民全員が集まって話し合うのではなく、国民の代表として、国会議員が国会で話し合って決めます。

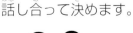

○○についての法律を提案します。

41

代表者の意見だけで決めていくの？

間接民主制では、代表者が議会で話し合いますが、そのとき、代表者の意見だけでものごとを決めていくのではありません。それぞれの立場の人がさまざまな意見をもっていることを認め、おたがいが納得できる案を考えて、ものごとを決めています。

自分の意見や自分のグループの意見をおし通すためではなく、みんながよいと思う案を見つけるために話し合うんだ。

ユウリちゃんがさっき提案してくれたみたいに、代表がみんなのことを考えるんだね。

みんなの意見を聞けなかった話し合い

今日は、みんなでバレーボールとサッカーをしよう！

じゃあ、おれ早く帰るからサッカーを先にして！

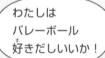

わたしはバレーボール好きだしいいか！

そのほかの人は……

球技は苦手だし帰ろうかな。

バレーがしたいのにぼくも早く帰らないといけないからできないよ！

みんなの意見をふまえた話し合い

みんながやりたい3つの遊びを時間でわけようか。

どのチームにも早く帰る子がいるみたいだよ。

じゃあ順番はじゃんけんで決めよう。

そのほかの人は……

球技は苦手だけどちょっとずつやれるなら楽しそう！

順番はじゃんけんで決めるなら、納得できるよ！

また、国のものごとや法律を決めていく国会も同じように代表者が話し合いをしています。国会は衆議院と参議院という2つの議会から成り立っていて、この2つの議会があることで、国民のさまざまな意見を広く反映させることができます。さらにそれぞれが話し合うことで、慎重に考えて決めていくことができるのです。

 法律をチェック

日本国憲法第42条では……
「国会は衆議院と参議院の両議院でこれを構成する」と決められているよ。

法律も勝手に決められているわけじゃないんだよ。

じゃあ代表はどうやって選ぶの？

クラスで何かの代表を
決めるときは、立候補した人や
すいせんされた人の中から、
みんなで、話し合って決めるよね。

うん。でも国民の代表者を
決めるとき、みんなで
話し合いをしているなんて
聞いたことないよ！

国民の代表者を選ぶときは、
話し合いのかわりに選挙が
おこなわれるんだよ！

地域から代表者を選ぶときには、「選挙」を
おこないます。国民の代表者を決めるときは、
「国政選挙」がおこなわれます。都道府県や
市区町村の代表を決めるときにおこなわれる
選挙は「地方選挙」と呼ばれます。

 法律をチェック

日本国憲法第43条第1項では……
「両議院（衆議院と参議院）は、
全国民を代表する選挙された議員で
これを組織する」と決められているよ。

そうか。
この選挙で代表者を
選んでいたのか！

子どもも選挙に参加することってあるの？

中学校に上がると、生徒会役員を決めるために
生徒会選挙に参加することがあります。
　生徒会役員は、生徒の代表者で、この代表者が集まった
組織が生徒会です。選挙で選ばれた生徒は、学校を
よりよくするために話し合ったり、活動したりします。

立候補者の考えや
意見を理解して、
代表にふさわしい人を
全校生徒から選びます。

選挙ってどうやるの？

選挙は代表者を決めるためにとても大切なものです。
選挙のことは「公職選挙法」という法律で定められています。

選挙の流れ

❶選挙することを知らせる

選挙をおこなうことや、投票の日に
ついて知らせます。

> 知らされた日から
> 選挙が始まるよ。

❷立候補する期間

立候補したい人は、届出を出します。

> 届出が受理されると、
> 選挙運動をすることができるよ。

選挙活動に必要な旗や拡声器などの一部は無料で貸出される。

❸選挙活動の期間

候補者は、投票してもらうために
自分がどのように国づくり（町づくり）を
していくかをアピールします。投票する
人はその期間に、だれに投票するのか
じっくり考えます。

だれに投票するか考えるために、
よく知ることが大切とされる。

> 選挙運動にも決まりが
> あるんだよね？

> そうだね。
> 「街頭演説や選挙カーでの運動は、
> 午前8時から午後8時まで」など、
> さまざまな決まりを守りながら
> 活動するよ。

❹投票する

事前に「投票所入場券」が家に送られてきます。
そして、決められた日に投票をおこないます。

だれがだれに
投票したかわから
ないようにする。

❺開票する

投票箱が開けられ、集計していきます。
その結果、代表が決まります。

投票所ってどうなっているの?

　18歳になると、衆議院議員や参議院議員を選ぶ選挙や、
都道府県や市区町村の代表を選ぶ選挙などに参加できるようになります。(→5巻)
このとき、学校が選挙の投票所になることがあり、みなさんがいつも使っている教室や
体育館が使われ、会場がつくられます。

投票用紙を書くところ。
まわりから見えない
ように、しきりがある。

投票用紙を
もらうところ

受付

投票立会人
(投票を見守る人)

投票できる人か
どうかを確認
するところ

投票箱

投票管理者
(投票所の責任者)

車いすの人でも
投票用紙を書きやすい台や、
目の不自由な人が点字で投票
できる点字器もあるんだよ。

みんなが
投票できるように
工夫されてるんだね!

こうやって、代表者を選挙で選び、代表者が話し合って決めていく間接民主制は、世界でも多く採用されているんだよ。

日本の国の基本的なあり方を定めている日本国憲法には、政治の中心となるのは国民で、みんなでいっしょに日本をつくっていくことが書かれています。国民全員で話し合うことができなくても、公正な選挙で代表を選ぶことによって、国民が政治に参加しているのです。

しかし、選挙では票の多い人が当選します。それでは、数の多い意見だけが通るように思えますが、そうではありません。意見の多さや少なさだけで判断するのではなく、さまざまな意見を聞いたうえで話し合い、決めていくのが民主主義なのです。

そっか、そうやってみんなでいっしょにものごとを決めていくんだね。でも、ぼくは選挙とかしたことないし、代表にもなったことないな。

そうだね。選挙とか、代表とかずっと先のことだと思っちゃうな。

そんなことないよ!選挙をしていなくてもじつは、君たちも代表者として話し合いをしていることがあるよ。

学校のことは、教育委員会や校長先生、先生方が決めていることもありますが、それだけではありません。学校では、係活動や委員会で、話し合いや活動をして、ものごとを決めることがあります。その係や委員会を、クラスや学年から選ばれた代表だと考えてみてください。これは、社会の中で代表者がよりよい生活になるように話し合ったり、活動していたりするのと同じことです。

委員会で、学校をもっとよくするために話し合う

学校をもっとよくするために活動する

そうか、わたしも代表なんだ!代表なんだから、学校のみんなのために委員会の仕事をがんばろう!

この本に出てくる、おもな用語や法律をまとめました。
見開きの左右両方に出てくる用語は、左のページ数のみ記載しています。

監修

小島洋祐 虎ノ門法律経済事務所 弁護士

開成高校・中央大学法学部卒業。昭和45年に弁護士登録、東京弁護士会所属。東京弁護士会常議員、日弁連代議員。法務省、人権擁護委員を2期（6年）務め、その後、港区教育委員会教育委員を5期（18年、うち教育委員長5回）、都市計画審議会審議委員2期（6年）歴任。港区社会福祉協議会理事など。

髙橋良祐 公益財団法人才能開発教育研究財団日本モンテッソーリ教育綜合研究所 所長

東京学芸大学教育学部数学科卒業。学研ホールディングス特別顧問。元港区教区委員会教育長。東村山市立秋津東小、世田谷区立東大原小、町田市立鶴川第三小（教頭）、中央区教育委員会（指導主事）、港区教育委員会（指導室長）、東村山市立化成小（校長）を経て、2004年から港区教育委員会教育長に。2012年10月に退職。専門は算数。著書に『新しい授業算数Q&A』（日本書籍／共著）、『個人差に応じる算数指導 4年』（東洋館出版）など。

渡辺裕之 千代田区立番町小学校 校長

東京学芸大学大学院教育学研究科 国語教育・日本語教育分野修了 教育学修士。公立小学校教諭として入都後、三鷹市教育委員会指導主事、世田谷区立城山小学校副校長、港区教育委員会統括指導主事を歴任。後に大田区立蒲田小学校校長、港区教育委員会指導室長（東京都教育委員会主任指導主事派遣）、千代田区立和泉小学校校長を経て現職。専門は国語教育、外国人児童生徒教育。

指導協力	柏原聖子（元東京都公立小学校） 林みゆき（江戸川区立二之江小学校） 木田義仁（品川区立芳水小学校） 菅彰（足立区立千寿桜小学校） 飯田学（葛飾区立本田小学校）
デザイン	株式会社 参画社
イラスト	深蔵
校正	村井みちよ
編集制作	株式会社 童夢
写真提供	コーベット・フォトエージェンシー

小学生からの
なんでも法律相談
全5巻

1巻 法律って何だろう？
2巻 学校の中には法律がいっぱい
3巻 どうしよう？ 友だちとのトラブル
4巻 まちの中のいろいろな法律
5巻 これから大人になるみなさんへ

全巻セット定価：本体14,000円（税別）
ISBN978-4-580-88651-3

小学生からの
なんでも法律相談
2巻 学校の中には法律がいっぱい

ISBN978-4-580-82429-4
C8332 / NDC 320　48P　30.4×21.7cm

2020年9月30日　第1刷発行

監修	小島洋祐　髙橋良祐　渡辺裕之
発行者	佐藤諭史
発行所	文研出版

〒113-0023　東京都文京区向丘2丁目3番10号
〒543-0052　大阪市天王寺区大道4丁目3番25号
代表 (06)6779-1531　児童書お問い合わせ (03)3814-5187
https://www.shinko-keirin.co.jp/

印刷所／製本所	株式会社 太洋社